La collection « Écritures »
est dirigée par Danielle Fournier.

D0544670

Éditions de l'Hexagone
Groupe Ville-Marie Littérature inc.
Une compagnie de Quebecor Media
1010, rue De La Gauchetière Est
Montréal (Québec) H2L 2N5
Tél.: 514 523-1182
Téléc.: 514 282-7530
Courriel: vml@groupevml.com

Vice-président à l'édition: Martin Balthazar

Directrice littéraire: Danielle Fournier
Maquette de la couverture: Kuizin Studio

Catalogage avant publication de Bibliothèque et Archives nationales
du Québec et Bibliothèque et Archives Canada
Dumas, Simon, 1976-
Mélanie
(Écritures)
Poèmes.
ISBN 978-2-89648-040-1
I. Titre. II. Collection: Écritures (Hexagone (Firme)).
PS8557.U418M44 2013   C841'.6   C2013-940047-8
PS9557.U418M44 2013

DISTRIBUTEUR:
LES MESSAGERIES ADP*
2315, rue de la Province
Longueuil (Québec) J4G 1G4
Tél.: 450 640-1237
Téléc.: 450 674-6237
* Filiale du Groupe Sogides inc.,
filiale de Québecor Media inc.

Pour en savoir davantage sur nos publications,
visitez notre site: editionshexagone.com
Autres sites à visiter: editionsvlb.com • editionstypo.com

Dépôt légal: 1er trimestre 2013
Bibliothèque et Archives nationales du Québec, 201
Bibliothèque et Archives Canada

L'Hexagone bénéficie du soutien de la Société de développement des entreprises
culturelles du Québec (SODEC) pour son programme d'édition.
Gouvernement du Québec – Programme de crédit d'impôt pour l'édition
de livres – Gestion SODEC.
Nous reconnaissons l'aide financière du gouvernement du Canada
par l'entremise du Fonds du livre du Canada pour nos activités d'édition.
Nous remercions le Conseil des arts du Canada de l'aide accordée
à notre programme de publication.

Mélanie

Du même auteur

La chute fut lente, interminable puis terminée, Chicoutimi, La Peuplade, 2008.

Petites îles de soif, Trois-Rivières, Écrits des Forges, 2003.

Pastels fauves, Québec, Le loup de gouttière, 2001.

SIMON DUMAS

Mélanie

l'Hexagone
Une société de Québecor Média

L'auteur tient à remercier Neri Saavedra pour son aide logistique précieuse, Karina Kesserwan pour son mécénat, Julia Caron pour la seconde photo, Mariela Oliva et Lyliana Chávez pour leur participation essentielle à ce projet de création, ainsi que le Conseil des arts et des lettres du Québec, CONACULTA et la Casa del escritor de México.

Personnages

Mélanie. Kathy Kerouac, sa mère. Lorna Myher, l'amoureuse de sa mère. Grazie, fille d'une ancienne amante de Katy Kerouac (de deux mois l'aînée de Mélanie).

Angela Parkins, arpenteure-géomètre, fréquente le bar du motel, objet de fascination/ projection.

Le Red Arrow Motel, la Mercury Meteor, le téléviseur.

Le désert.

Laure Angstelle, auteure, n'est plus mentionnée dans la version finale de cet ouvrage. Maude Laures – la traductrice du *Désert mauve* – est cependant évoquée.

JE

6 avril

Ce texte commence au milieu.

Il part du point final d'un autre texte, *Fade out*,
qui n'est pas reproduit ici.
Le point de départ de cet autre texte,
appartenant aussi au genre poésie,
est une photo.
Point de départ : une photo.

Une photo, un moment d'un quotidien qui n'est
plus mien
– ceci n'est pas un texte nostalgique –
seulement voilà
ce moment capturé est devenu le sujet de ce texte,
Fade out
– ce point de départ –
la relation entre cette image et moi.

Cette photo d'une femme, nue devant la fenêtre de
la chambre un samedi matin, fut prise en deux
mille quatre ou deux mille cinq. Il n'y en avait pas
qu'une, il s'agissait d'une petite série. Imparfaits, les
clichés numériques souffraient du manque de
lumière (beaucoup de bruit dans le noir). Malgré
cela, la série fut d'une grande révélation. Ces images
avaient du mouvement, une authenticité certaine. Il
s'agissait d'un vrai matin, je veux dire réellement
vécu : tu te redresses, *tu t'assois sur le bord du lit,
remontes tes cheveux sur ta nuque (vraiment ?), te
lèves, te diriges vers la fenêtre, ouvres les volets,
puis reviens vers moi.* Le point de vue est le mien.
À demi redressé dans le lit, j'avais saisi l'appareil
qui était sur la table de nuit (vraiment ?).

[J'avais choisi « tu » comme destinataire de ces
poèmes. Je n'en ai pas moins rédigé deux versions,
l'autre s'adressant à « elle ». Quelqu'un m'a fait
remarquer que l'adresse directe du « tu » donne plus
d'impact.]

Ces photos, je les ai perdues au mois de mai deux
mille sept. Vol d'ordinateur. À ce moment-là, la
femme de la photo m'avait déjà quitté.

La disparition du sujet a précédé celle de l'image du sujet.

J'ai écrit sur la dérive d'une image, sur ce qui reste quand l'objet disparaît, sur les transformations que font subir la perception et, subséquemment, la mémoire. J'ai écrit sur l'image d'une personne que j'ai connue. Aujourd'hui, je connais mieux cette image que la femme qu'elle représentait.

« Tu » est depuis longtemps devenu un personnage.

J'ai écrit *Fade out* en deux mille six et deux mille sept. Cela fait trois ans.

7 avril

Si je quitte maintenant la femme de la photographie – avec qui j'ai vécu – et que j'essaie de saisir les contours d'un personnage de fiction – disons Mélanie, du *Désert mauve* de Nicole Brossard –, quelle serait pour moi la différence? L'une existe-t-elle plus que l'autre?

Il y a une différence, pour moi, entre image et image mentale. Pour le lecteur, il n'y en a pas. Ou alors...

MÉLANIE

Mélanie existe.
Les cheveux courts, le front dégagé,
elle vit avec sa mère dans le désert.

Mélanie a quinze ans depuis mille neuf cent
quatre-vingt-sept.

Mélanie vit dans un lieu que je ne connais pas,
que je n'ai jamais vu.
Mélanie est fictive.
Mélanie ne m'appartient pas.
Je n'ai pas le droit d'inventer Mélanie.
Elle ne me plaît pas. Je l'avais imaginée
autrement.
Imaginer, c'est-à-dire créer une image.
Mélanie appartient-elle à son auteure ?
A-t-elle vieilli dans le prolongement de son récit ?
Le récit peut-il se prolonger au-delà du texte ?
Dans son univers, le désert n'est pas un lieu, c'est
un personnage.
Un auteur a tous les droits sur ses personnages.

Je nomme Mélanie, mais refuse d'écrire le nom de
la femme de la photo. Dans ce monde, qui est un
récit, Mélanie est décrite comme « concrète et
irréelle ». Qu'en est-il de l'autre ?

Mélanie connaît les armes et sait conduire. Elle découvre la précision de la peur, la focalisation variable de la réalité.

Le double (multiple) défilement du temps.

Le défilement des images. Le temps de la lecture. Le temps dans le désert où roule Mélanie. Pas de ligne, mais des traits tirés entre des points. Rien à voir. Des espaces à combler, un dessin refait par chaque regardeur/lecteur.

Quand je pense à Mélanie, je pense d'abord à des actions. Elle roule vite dans le désert. Le jour, c'est la lumière. Le soir, les couleurs. La nuit, les animaux furtifs sont balayés par les phares de la Meteor, entrent, le temps d'un flash, d'un hébétement, dans le regard de Mélanie.

Je pense à une posture
– la regardeuse –
à une façon de se vêtir.

Je pense à des objets. Le revolver. Les filles en maillot.
Je pense à un projet.
Plus je pense à Mélanie, plus elle sombre dans l'abstraction.

Mélanie sait conduire. Mélanie, au volant, fonce à travers le désert. C'est la nuit. Mélanie appuie, avale, reçoit des flashs dans le défilement du temps / de la route / de la réalité. Des animaux, pétrifiés, entrent et sortent des faisceaux des phares.
Rapides, ils ponctuent.
Rapides, ils entrent et sortent des yeux de Mélanie.
Abstraits et réels, ils témoignent.

Mais la nuit, l'équation de la vitesse...

La nuit, le désert s'ouvre au passage des lumières crachées
ouvre un dialogue – phrases rapides –
et les signes du langage sont une faune surprise.

Des trajets, tracés, une relation : la voiture coupe le désert, diagonale lumineuse, le regard oblique vers le côté de la route, des yeux renvoient la lueur des phares.
Chien ou coyote.
Bref échange, Mélanie entre en relation avec le réel et le possible.

Trois animaux. Faune arizonienne (extrait et variations)

Un coyote ou chien errant
saisi par les phares, balayé, renvoyé à la nuit.
La vitesse transforme les images en impression.
La perception fixe. La vitesse effiloche,
crée des lignes, une distorsion / diversion.
Le chien ou coyote, entre, s'imprime, disparaît.

Derrière les yeux, il est recomposé.

Lièvre antilope. Sort surtout la nuit. Ne tient pas à faire l'expérience de la soif. Se nourrit d'herbes quand il y en a, d'arbustes quand il n'y en a pas. A le pelage couleur sable. Clair pour ne pas absorber la chaleur, pour se fondre au paysage.
La réalité : manger, se cacher, ne pas disparaître. Rester pétrifié quand, surpris par une voiture, la nuit...

Enfoui à demi, enroulé sous une pierre ou dans un terrier, aux aguets, les yeux trop petits, si petits, deux trous ne prenant que leur dû de lumière : crotale cornu.

UN PROJET

Disons je que veuille faire un film. Déplacer toute une armada dans le désert de l'Arizona afin de tracer une ligne, imaginaire (vraiment?) entre Mélanie et moi.

Imaginaire quoique composée d'une infinité de choses concrètes, tangibles et manipulables: une caméra, un cryptage numérique, des micros, de la lumière, des vibrations, des supports, des consciences, beaucoup de lumière
possiblement trop

(bien sûr, s'il était possible de tourner sur pellicule, il s'agirait d'une impression plutôt que d'un cryptage numérique).

Et si c'était un livre? Malgré la matérialité des lettres imprimées (à l'écran ou sur le papier), le texte demeure un code abstrait. C'est un passage vers une autre façon de percevoir la réalité, de toucher à sa pluralité.

Mélanie existe dans une dimension
à deux dimensions

(la profondeur des figures crayonnées par le récit est métaphorique ou abstraite).

2 *shootings*

Dans le *Désert mauve*, à deux reprises, il y a une tension – un désir qui pousse et tire, épuise – entre Mélanie et une femme. Il y a Grazie, de deux mois son aînée, et, bien sûr, Angela Parkins, quarante ans. .

Avec la première, elle cherche la douceur sans réussir à l'obtenir, en tout cas pas au niveau espéré.

Avec la seconde, ça reste à l'état de fantasme. Le paroxysme demeure ce moment où elles dansent ensemble, rapprochées, juste avant le coup de feu. L'assassinat d'Angela Parkins.

Je voudrais organiser des séances de photo. L'une Mélanie-Grazie dans une chambre de jeune fille. Mélanie en t-shirt et culotte, Grazie en chemise de nuit.

L'autre, Mélanie-Angela Parkins. Le fantasme de Mélanie d'être « instruite ».

Sans limite ni tabou.

Premier shooting : Mélanie-Grazie

Ce ne serait pas Mélanie, mais celle qui la person-
nifie. Le temps d'une prise d'image, d'une mise en
scène.

Les personnages ne peuvent passer d'une modalité
à une autre sans l'épreuve de la matérialité : besoin
d'un corps pour réfléchir la lumière ou lui barrer le
chemin, d'un corps pour recréer l'image, retourner
à l'idée.

Mélanie a les cheveux courts. Le visage jeune, *mais
satisfaisant*. Grazie, de deux mois son aînée, ne se
rend compte ni de la jeunesse ni de la compétence
de ce visage. Mélanie en t-shirt et culotte. Grazie
en chemise de nuit.

Mélanie a soif. Elle insiste, fouille dans les cheveux
longs de Grazie, ses cheveux dans son cou. Fouille
et cherche, Mélanie, suffisamment seule tout le
jour, cherche le temps, l'absence de lumière où,
illuminée, les yeux clos, elle se console dans la
beauté de la réalité.

La beauté avant la réalité.

Second shooting : Mélanie-Angela Parkins

Angela Parkins sait porter des bottes. Ses jeans ont
la même forme que ses jambes. Angela Parkins sait
se dévêtir. Elle d'abord, Mélanie ensuite.

Angela. Yeux noirs, précis. Angela pour moi pleine
de trous et d'autorité.
Les yeux d'Angela. Sensibles à l'aube, résistants au
zénith, à la blancheur.

Son regard compétent crée avec les lignes du
paysage des géométries (variables ?).
Elle dit : le désert est un espace.

Angela Parkins, précise. Yeux noirs. Crotale cornu.
Scrute l'horizon, repousse la soif, compose des géométries. Elle dit : le désert est espace. Le désir,
volume.
Les paysages et la vitesse ont façonné son visage.
L'imprévisibilité des corps. Expression / perception
des corps opposées à la lenteur du paysage.

A-t-elle les cheveux courts, Angela Parkins ?
Première lecture : bottes en peau de serpent, chapeau de cow-boy. Cliché de bar salon ? Plus j'avance
vers elle, plus elle se confond avec Mélanie. Version
possible et projetée.

L'idée est réelle et possible. Elle désigne une voie par-devers soi.

Pour qu'elle soit réelle et réelle, il faut traverser l'épaisseur des choses, parcourir le trajet qui mène à la constatation de la non-concordance.

Une oscillation des choses les empêche de coïncider exactement avec leur définition, les plaçant toujours un peu à côté
à une distance variable.

L'image passera de ma tête à la photo. Elles se déplacent, les images, passent d'idée à matérialité. Changement de support. La perception demeure selon une autre modalité (l'expression).

Que j'aie les yeux ouverts ou fermés lorsque je perçois, il s'agit du même décodeur.

[Réécrire sur cette idée de l'image qui passe de la tête à la photo.]

OBJET(S)

Vers quelle époque se situe le récit du *Désert mauve* ?

Kathy Kerouac, la mère de Mélanie, possède une Mercury Meteor. Mercury, une division de Ford Motors, a manufacturé la Meteor de mille neuf cent soixante et un à mille neuf cent soixante-trois. Dès mille neuf cent soixante-deux, le modèle fut modifié et passa de la catégorie « grande voiture » à « intermédiaire ».

Héritière spirituelle de la Medalist, mille neuf cent
cinquante-six
sœur d'adoption de la Monterey
Mercury Meteor, première génération
mille neuf cent soixante et un
grosse voiture.
Deux ou quatre portes. Deux ou trois vitesses,
une quatrième (overdrive) en option.
De deux à six feux arrière, trois de chaque côté
pour le modèle supérieur.
Meteor 600
Meteor 800
Monterey haut de ligne (auparavant d'entrée de
gamme)
Six cylindres penchés, un barril, cent trente-cinq
chevaux vapeurs
Différents volumes de huit cylindres, disposés en V
Le plus puissant trois cent quatre-vingt-dix
pouces cubes de volume
trois cent trente chevaux-vapeur
deux cent cinquante kilowatts.

Deuxième génération, mille neuf cent soixante-
deux et soixante-trois :
assemblée à Dearborn, Michigan et Kansas City,
Missouri
Perd une taille, passe de grand à moyen format.
Ford Fairlane a partagé son châssis avec la
Meteor en mille neuf cent soixante-deux, version
élargie de celui de la
Ford Falcon
Deux ou quatre portes
Deux ou quatre vitesses, automatique ou manuelle
Six ou huit cylindres allant de cent soixante-dix à
deux cent soixante pouces cubes de cylindrée.

Mille neuf cent soixante-quatre et soixante-cinq,
pas de modèle moyen offert par Mercury, la Ford
Comet occupe le créneau.
Mille neuf cent soixante-six, le nom Comet passe
de Ford à Mercury.
En fait, la même voiture.

Ces informations ne situent pas nécessairement le déroulement du récit à cette époque. Au nord, en hiver, le sel vient du sol. Au bord de la mer, il est porté par les vents marins. Les carrosseries se corrodent rapidement par le dessous ou le dessus. Dans le désert de l'Arizona, pas de sel. Les voitures conservent leurs airs de jeunesse, longtemps les pare-chocs chromés reflètent les bandes blanches et jaunes de la route.

Je dis que Kathy Kerouac
possède une vieille voiture.

À partir de quand une vieille voiture devient-elle une voiture de collection ? Aujourd'hui, si on tape « Mercury Meteor » dans Google, on trouve, outre un lien Wikipedia, une page consacrée aux propriétaires de ce modèle.

L'automobile, propulsion et projection
parfaite synchronie entre fonction et message
véhicule les corps et un statut, un style, une
appartenance à un groupe, un état civil, une
personnalité, une projection,
une projection.

Les objets ont plusieurs vies, peuvent en avoir
plusieurs.
Des cycles qui varient, raccourcissent, selon le
lieu, l'époque, la culture.
Les temps relatifs des objets.

Autre objet : le téléviseur de Kathy Kerouac. Meuble imposant au vernis écaillé, au dessus cerné par les verres, il trône au centre de la pièce ; oblige les occupants de ces trois chambres d'hôtel converties en appartement à des manœuvres du bassin pour éviter le choc. En mille neuf cent quatre-vingt-trois, mon grand-père à sa mort nous a légué un téléviseur semblable. Modèle de la fin des années soixante-dix. Écran bombé serti dans un meuble de trois fois sa taille fait d'une matière pressée indéfinissable imitant le bois. De chaque côté, des colonnes comme sculptées à même le meuble semblaient soutenir le plateau. Ce fut le téléviseur familial jusqu'au début des années quatre-vingt-dix.

Le téléviseur est un objet.

Au cours de son évolution, l'objet téléviseur a arboré plusieurs styles, différentes esthétiques : plastique lisse et formes spatiales des années soixante, imitation bois sculpté d'inspiration rococo des années soixante-dix, boîtes austères des années quatre-vingt et quatre-vingt-dix. Finalement, l'objet a commencé à disparaître pour ne laisser place qu'à l'image.

Que l'image.

Le téléviseur est un objet,
un terminal,
l'aboutissement d'un processus jalonné de gens
aux métiers variés.
            Le téléviseur n'a presque pas d'histoire.
Quel âge a le téléviseur ?
            Le téléviseur n'a pas d'Histoire.
Le téléviseur est un meuble
une boîte vide
vecteur de puissance et de peur
un terminal.
La télévision recompose le temps. Temps
manufacturés : accéléré, ralenti,
mouvements décomposés, focalisation,
focalisation.

Un objet
de la matière forcée, travaillée, moulée en pièces,
fonctions mécaniques/logiques.
Cohérence d'un ensemble assurant son
fonctionnement.
Une intelligence plaquée sur une autre, plus large
indéfinie.

Des objets dont les pièces s'usent moins vite que le
désir
de possession.

Ici, le désert ou la fiction est un abri contre les
désirs manufacturés. Les objets s'usent plus vite que
leur matière.

Dans l'univers de Mélanie – qui est une fiction –
le désir est orienté vers la matière brute,
organique, sensible et vivante
       ou alors vers des objets d'une telle
simplicité qu'ils ne cessent jamais de fonctionner.
       Le revolver.

Le revolver toujours chargé.

En mille neuf cent quatre-vingt, la Meteor aurait entre dix-sept et dix-neuf ans et le téléviseur autour de cinq (le temps que le vernis s'écaille et que les cernes se forment). Cela est plausible. Cela situe le déroulement du récit, de l'histoire.

Le récit trace des lignes, segments brisés, droits et parallèles. Des graphiques, schémas, formules algébriques. Des résumés / condensés / explications / appropriations / transpositions temporelles.

La peur change le temps.

Le temps
du récit,
de la lecture.
Celui où Mélanie roule, vitesse goulue, à travers le désert.
Lire le paysage sous le curseur des phares.

Lecture rapide.

Absorbée, elle ignore
la peur.
Avalée par le défilement, elle oublie.
La voiture : prolongement, outil de puissance, de vertige.
La vitesse absorbe, focalise et rend fugace la perception.

Le moteur brûle
les gaz et le temps
Mélanie à la fois ici, déjà là-bas
en parfaite synchronie – le contrôle, jusqu'à le
perdre
la possibilité de la perte
un vertige
une chute horizontale
accélérer, se projeter.

La Meteor est un cinéma
Mélanie se laisse absorber
appuie et reçoit
les images
appuie encore, transforme
le pare-brise est l'écran
le hors-champ, la mort
Mélanie en contrôle
bolide projectile et propulseur
canon à images
en mouvement, les images
rapides en bordure du cadre, lentes au centre
les grands saguaros forment des géométries
mouvantes
des triangles, polygones couchés
constellations dont les points se déplacent.

L'habitacle de la voiture devient une chambre
noire
immobile. Un lieu d'où recevoir.

Arrive la nuit
surgissent les personnages dans la focalisation des
phares
    le lièvre antilope pétrifié entre les pierres
    le chien ou coyote
    le crotale cornu

mais la nuit
Kathy
devant le téléviseur.
Kathy terrée, blottie contre Lorna Myher.

Les images de l'explosion...
La force d'attraction de la télévision.

Gravité du téléviseur qui fait de Lorna Myher et de
Kathy Kerouac des astres s'éclipsant, se rapprochant, se fondant l'un dans l'autre.

Non. Force de gravité de la télévision rapprochant
Kathy Kerouac de Lorna Myher produisant une
éclipse de Mélanie
    éclipsant Mélanie.

Esseulée, elle fonce à bord de la Meteor. Elle appuie
très fort. N'a pas peur de la vitesse, mais du noir,
l'obscurité de la chambre où le seul astre lumineux
est un objet.

Mélanie
la nuit tombée
braque la Meteor, déterre les images du noir.
Le balayage des phares confond la pierre et le cœur
le lièvre est la mère
le crotale désir
être libre, le désir
Mélanie
les yeux ouverts rêve éveillée
rêve d'Angela Parkins
animal du désert.

Le crotale cornu connaît-il la peur ?
Peut-il la ressentir ?
Peut-elle, par ses yeux minuscules
         – billes noires –,
entrer, s'y blottir ?
Non.
Ne ressent pas la peur, sent son territoire, le touche
de sa langue
avertit avec sa queue
mord avec la gueule.

Crotale cornu objet de peur
         – image –
c'est pourquoi on le tue.

L'assassinat d'Angela Parkins.

Le téléviseur toujours allumé.
    Le revolver toujours chargé.

Kathy Kerouac devant
reste et avale. Le tube produit de la lumière. Si on
décroche son regard de l'image, on voit sur les murs
des modulations de couleur. Cela seulement quand
il est tard et que tous les feux sont éteints.
Un documentaire animalier suit – c'en serait grossier
si ce n'était de l'habitude – les images de l'explosion.
Cela sourd, remonte à rebours
les nerfs, les sens et jusqu'au cerveau, le cœur
la peur.
La commande est donnée. Déguerpir, se sauver.
Une grande main pourtant. Une grande main
de lumière et d'images
maintient Kathy Kerouac enfoncée dans son fauteuil.

Impression. Impressionnée, Kathy Kerouac ?
Surimpression, fondu enchaîné.

La lumière fabrique des images. Accrochée, Kathy
Kerouac reste et se perd. Les images fabriquées
fabriquent la peur
        de la menace
        de qui ne connaît pas son nom
        de l'explosion.

Contre Lorna Myher blottie
devant les images du documentaire
elle finit par s'endormir.

Avant de sombrer elle confond, Kathy Kerouac,
l'image qu'elle se fait d'elle-même et celle, transva-
sée, du lièvre antilope.

Tard, la nuit
Mélanie roule toujours
fait une boucle
rentre à l'hôtel
toujours.
Sur le chemin, croise un animal
chien ou coyote tourne la tête, renvoie la lumière
des phares, retourne à ses occupations
      une charogne.
Bête apprivoisée?

L'habitude...

L'habitude apprivoise.

Kathy endormie s'éveille
entrouvre les yeux
le revolver, toujours chargé, décharge
soudain le coup de feu
le coup retentit dans les muscles du lièvre antilope
du coyote
sur le crotale cornu, la balle ricoche et se perd dans
le téléviseur.

Se perdre dans la télévision
	une réalité possible, un message fabriqué, des
	images assemblées et, dans ce cas-ci, inexis-
	tantes, à peine sous-entendues, placées dans
	une autre réalité, fictive. Rêvée.

Mélanie n'a rien entendu
fait la sourde, n'a rien à faire, aucune tâche aucune
obligation
– l'adolescence –
ouvre grand et reçoit
n'est pas détournée
ne détourne pas les yeux quand la lumière…

Elle ne connaît pas le quotidien.
N'a pas l'intention d'apprivoiser la réalité.

Frappée par la lumière, elle ne retourne pas à ses
occupations.
Elle n'a aucune occupation.
Elle sait conduire, connaît les armes.
Elle sait écrire.
Elle écrit.

Mélanie est fictive et tissée de réel(s)
objet
de recherche (?)
Mélanie
n'a pas peur.

.

Mélanie déplacée, recontextualisée.
Déjà à la lecture...
Produire un texte. Prétexte : Mélanie.
Mélanie objet/figure/passage
personnage.
À travers elle, à travers son monde qui est une fiction, j'essaie de saisir ce qui dans les mots existe ;
ce qui, malgré l'abstrait des mots, est concret et
réel.

UN PROJET

J'ai poursuivi cette idée des shootings photo. J'ai recherché dans les rues de Mexico – et à travers les connaissances de mes amis de Mexico – une Mélanie, une Grazie et une Angela Parkins possibles. Ce faisant, bien entendu, j'ai fait des rencontres. Et au fil de celles-ci, l'idée s'est transformée.

Je n'ai trouvé ni Grazie ni Angela Parkins.
J'ai rencontré Lyliana Chávez et Mariela Oliva.

Quand j'ai vu pour la première fois Lyliana Chávez, j'ai pensé « elle pourrait être une Mélanie ». J'ai laissé reposer l'idée. Une semaine plus tard, je la lui présentais.

J'ai rencontré Lyliana Chávez par hasard. Au détour d'une sortie un vendredi soir. Mariela Oliva c'est autre chose. On me l'a présentée comme une Angela Parkins potentielle. Quand je l'ai vue, j'ai pensé « ce n'est pas Angela Parkins ».
J'ai laissé reposer l'idée.

Plus tard, je leur ai demandé à toutes deux – et à d'autres qui n'ont pas accepté – de rédiger un texte dans lequel elles :
- choisiraient un personnage du roman
- décriraient ce personnage, ainsi que des lieux et/ou objets en lien avec ce personnage
- imagineraient une rencontre avec celui-ci
- inventeraient un dialogue entre le personnage et elles-mêmes.

Des extraits de ce qu'elles m'ont fourni sont ici transposés.

Mariela Oliva. Quarante ans. Philosophe.

Étudie et enseigne la philosophie à l'Université autonome métropolitaine. Ses études et son travail lui servent à faire entrer en collision des registres de l'intelligence évoluant habituellement en silos, notamment ceux du corps et des passions humaines, du désir et de la conscience.

Elle se concentre actuellement sur la relation entre corps et affects, principalement à partir de la métaphysique et de l'éthique de Spinoza comme anticipation de la pratique de la psychothérapie au XIXe et au XXe siècles. Elle s'intéresse également aux méthodologies d'apprentissage qui prennent en considération le rôle du corps et des émotions dans la construction des subjectivités individuelles et collectives.

Elle vit et travaille au Mexique, dans la ville de Mexico.

Le vingt-huit mai dernier, j'ai rencontré pour la seconde fois Mariela Oliva. Elle m'a confié qu'elle ne savait pas quel personnage elle choisirait, qu'elle ne s'identifiait à aucun en particulier ou sinon, peut-être à Nicole Brossard elle-même. Je lui ai dit que pour moi, plus que Laure Angstelle, la déléguée de l'auteure dans la fiction était la traductrice Maude Laures. J'ai ensuite dit qu'elle pouvait très bien « tricher » et choisir l'auteure réelle du roman (ce qui, ce faisant, en aurait fait un personnage), qu'elle pouvait faire ce qu'elle voulait du moment qu'elle me donnait de la matière.

Mariela Oliva a quarante ans. Mexicaine. Amoureuse.

Elle sait habiter son corps, y faire circuler sa pensée et vice-versa.

Mariela Oliva sait lire. Elle n'a pas peur.

Mariela Oliva écrit :

Le texte/le désert, son horizon, me donne et me prend, me donne, je donne, me révèle, me révèle des moments, des expériences de la vie qui ressurgissent et dont le poids surpasse celui des idées – de mes pensées même – un poids qui ébranle, les certitudes surtout, il n'y a plus de certitude, plus de contrôle, seulement des sentiers – que je ne connaissais pas ou dont je ne me souvenais plus – par lesquels j'avance, étonnée, surprise, sans peur, vers ce que le présent contient de passé. La peur déjà n'est plus la même. L'amour me fait oublier la peur, réactive mon désir. J'avance retournant sur mes pas, retrouvant l'amour impossible, impossible entre toi et moi, l'amour impossible que j'ai eu pour toi, que j'ai toujours, qui si facilement s'agite en moi quand tu me regardes. Cela suffit. Tu me regardes, j'oublie la peur, le désir déplace le réel, le place à côté. Le désir me rappelle ton absence.

Je commente :

Mariela Oliva déroge. Elle choisit de me remettre deux lectures du roman, l'une affective, l'autre interprétative. Je reproduis ici la première, celle de l'activation par la lecture d'émotions intimes, au bord d'être physiques.

Lyliana Chávez choisit un personnage :

Mélanie parce qu'elle est au bord d'un commence-
ment. Angela Parkins est ce point de départ, cette
ouverture par laquelle son univers – l'hôtel, le téléviseur de sa mère, le revolver dans la boîte à gants
– menace de s'échapper. Non, c'est plutôt Mélanie
qui s'échappe. De la peur de la mère. Du désir
informe. C'est cela. Avec Angela Parkins, le désir
de Mélanie prend la forme d'un corps de femme,
mais pas seulement. Quelque chose en plus aussi.
Une projection peut-être.

Grazie est un réceptacle. Du désir détourné, un
réceptacle. Un écran sur lequel projeter.

Mariela Oliva continue :

Des souvenirs surgissent sans que je les appelle, à travers eux je cherche, je te cherche, ce sentiment d'unité, je te rêve, c'est toi, superbe, toi fortement qui surgis, qui entres par ce silence, l'ouverture du silence, des ouvertures où se dessine le désir, de jeunesse, le désir de posséder la jeunesse, des expériences intenses, de te rencontrer, à nouveau, toi intense, un désir qui s'élève, m'élève et prenant mon vol je n'ai pas peur de la chute, un morceau de vie, je t'ai donné ma vie, à travers toi j'ai su m'exprimer, dire et vivre. Un désir, immobile la nuit, silencieux, lové dans la mémoire tourmentée, se réveille et renaît le jour, inquiet, tortueux et immense.

La réalité. Le jeu du temps qui me guette, le temps qui, par-dessus mon épaule, me surveille, m'assèche, m'assoiffe. Retourner à l'origine, oui, je le dois, m'y oublier, t'oublier, me souvenir d'une chanson… j'oublie de t'oublier, toujours j'oublie et puis, je ne veux pas, ne peux pas, je résiste. Un jour je le ferai, je le sais, je m'attaquerai à la mémoire du corps, serai précise ce faisant, irai jusque profond dans la chair : jamais je n'ai voulu l'absence, ton absence, la perte ni la douleur, encore moins l'indifférence. J'irai profond dans la chair. Qu'est-ce que l'oubli ? L'ombre du souvenir, des sentiments contradictoires, diffus, clairs, grouillant dans les replis de mes neurones.

Des expériences intenses.

Lyliana Chávez sur la rencontre :

La rencontre ne pourrait avoir lieu que dans le désert, dans le quotidien de Mélanie si éloigné du mien, de ma réalité faite de bruits et de lumières artificielles. Je ne sais comment la rencontre pourrait avoir lieu, les conditions qui la rendraient possible. Peut-être, je marcherais dans le désert et elle surgirait, avide, à bord de la Meteor.

Mariela Oliva sur le désert:

Je n'ai pas oublié le désert, celui de San Luis Potosi. La couleur mauve. De larges traits de mauve appliqués chaque matin et ressurgissant la fin de l'après-midi, me surprenant le soir alors que je marchais au hasard. J'ai connu le soleil, la lumière, le vent, le chant des oiseaux du désert, les herbes sèches que le vent accumule et pousse en boules à travers le désert, le peyotl, la montagne paresseuse étendue telle la silhouette d'un grand éléphant. Les maisons petites et vieilles, le grondement de ces maisons, la grogne des choses abandonnées, de l'abandonné.

Quand tombe la nuit, les voyageurs voyagent entre alcool et marijuana, d'autres vont plus loin, mélangent tout, se lancent: mescaline, cette médecine des ancêtres injustement oubliés.

Les oubliés.

Je me souviens du désert. Les couleurs au crépuscule, les gouttes de pluie bues par la terre, par les quelques fleurs, l'odeur de la terre, du bois de chauffage, du feu. Je me souviens de cet horizon surgissant devant mes yeux, le regard, l'étonnement devant cette sensation que l'éternité existe. Impossible d'être éternelle.

Sur la montagne, j'ai accompli les gestes du rituel, avalé le peyotl.

À toute allure nous retournons au village. À toute vitesse nous descendons la montagne. Je descends et d'un même mouvement je m'élève. Ils nous ont dit « montez ». Nous sommes montés. À l'arrière d'une de ces vieilles camionnettes blanches qu'ils ont au village, nous sommes montés. Nous redescendons vers le village.

Nous sommes montés, nous descendons, je m'élève.

Je m'élève, les effets montent en moi : fébrilité, rire, extase, où va-t-on ? je demande. À l'intérieur se révélait un univers inconnu – semblable au village, différent – d'une grande vérité.

J'étais heureuse.

Je descends, je m'élève, le soleil tombe et tombant il emplit l'horizon, active les violets, une lumière qui ne permet pas aux yeux de se fermer. S'éveiller. Je m'éveille le cœur palpitant. Éveillée, je rêve d'un monde, d'autres mondes, de mondes autres qui gardent incandescent le désir, en font des chants infinis.

Le désert permet à la plénitude et à l'instant de naître et de renaître.

Avec la nuit, la peur. Les visions. Tout change, se déforme, se reforme. Pas des visions, une altération plus forte qu'à l'accoutumée de la réalité. Une altération que je fuis en me réfugiant dans l'église. Froide. Là, des images. Froide et lugubre l'église parce que les images, oui, renferment dans leurs formes – les portraits, les scènes figées – les péchés des fidèles. La terreur reste. Je sors. Dehors, les hommes fument, expirent de leurs bouches les fantômes, un à un, le mensonge, la terreur. Il y a des années de cela. Je me souviens très bien… de ces hommes morts aujourd'hui.

La mémoire se fige, concentrée. Le temps de nouveau s'arrête. Maintenant encore, les traits, les vertiges et les mots demeurent suspendus au-dessus du vide. Je me souviens très bien. Autour du feu, les hommes fument. J'ai trouvé du copal – l'encens oublié des ancêtres –, j'ai allumé le copal, sa fumée me protège. Les images ne me troublent plus.

J'ai connu le désert de San Luis Potosi. Je t'ai connue. Je t'ai vécue comme j'ai vécu le désert. Je t'ai vécue, tu m'as vaincue. Nous ne sommes pas quittes. Ce livre m'a menée en des lieux de ma conscience, de ma mémoire, m'a menée par des chemins qui m'ont perdue, qui m'ont trouvée, en des lieux déjà parcourus, qui déjà ont pris une autre forme. Je pense aux femmes de ma vie, à toi, amour de mes silences, fantôme, peau contre ma peau. Tu me manques. Je me rends compte maintenant à quel point. Cet espace perdu, cette sensualité caressante, le rugueux de tes mains, tes mains entre mes cuisses, le vent dans tes yeux, la nudité, la joie (oui, la joie) des nuits à tes côtés. Avec le temps, de nouveau, je serai amoureuse. Intensément. Ce sera de toi, je le sais, d'une autre manière. Sans douleur ni peur. Tu ne me manqueras plus. Je ne mourrai plus.

Je me dissous dans le songe, dans le désir, pour m'éveiller à nouveau à la réalité, à son aridité. Je ne peux oublier que j'ai rêvé de l'aube, de ces regards qui font trembler l'âme, la font vibrer, accéder à l'explosion.

Ces regards sont avant l'oubli comme *la beauté est avant la réalité.*

La présence.

Je commente :

Le texte active des sentiers de la mémoire (affective, sensorielle). L'expérience de sa maîtresse et amoureuse, bouillonnante et à fleur de peau, surgit en premier. Son souvenir amène le désir d'origine – origine du désir, des sensations – qui rappelle l'expérience chamanique dans le désert.

Lyliana Chávez sur les lieux et objets :

– le tatouage sur le bras de Mélanie. Un tatouage pour (ré)affirmer la possession de son corps. Sans doute pour le détacher de la mère. Y laisser sa marque, une écriture : sur le bras de Mélanie, un papillon. Les ailes, arborant peut-être un motif de tête de mort, sont ouvertes. Cela aurait tout aussi bien pu être un cerf, mais le symbole de filiation aurait été trop fort ;

– l'auto conducteur de désir. Celui de Mélanie. Par cet objet, Mélanie se rapproche du désert. Par cet objet, elle contrôle la vitesse de son corps dans l'espace, soumet certaines lois de la physique à sa volonté. Modulations des sensations. À l'instar du tatouage, l'auto m'apparaît comme un moyen, un vecteur.

L'un fixé, écriture. L'autre lancé à travers le paysage.

L'un, écriture. L'autre, mouvement.

Mariela Oliva décrit Angela Parkins:

Angela Parkins est belle.

Nord-américaine, ses traits empruntent à différentes origines, surtout hispaniques: ses sourcils épais surlignent des yeux pénétrants, noirs et profonds; ses cheveux, longs et cassés, ont quelques traces de rousseur; ses épaules sont fortes. Ses bras aussi. Mince, voire sèche. Sa peau parchemin laisse paraître la vigueur de la chair,

du paysage,

l'intensité de son corps, de son désir.

Sa peau est chaude. Sa poitrine communique la vaillance de son cœur. Ses mains sont expressives, veineuses et délicates. Elle connaît les plans, les formes, les tracés et les images qui se font et se défont dans l'esprit des hommes, dans celui de son père architecte. Elle, elle crée et imagine d'autres figures, des figures de l'impossible, géométries de l'infini. Sa voix grave, granuleuse, est usée par la sensualité des mots.

Cette femme belle, mûre et intense, porte les marques de la douleur de la perte.

Depuis que, petite, elle a déménagé en Arizona avec son père après la mort de sa mère, elle a abandonné ses tennis pour des bottes de cow-boy. Elle a appris à marcher avec ces bottes. Elle aime le cuir qui lui donne l'impression d'être rude... comme son père.

La rugosité des joues de son père.

Parfois, elle porte son chapeau. Celui qu'il portait quand ils allaient ensemble admirer la journée qui se termine.

Elle a appris à aimer le désert, son étendue, ses formes, ses constants changements, sa capacité à absorber la peur et ce qui de la vie est insensé, insupportable même. Le désert l'absorbe et le transforme en horizon : cette ligne maintient la complicité originelle entre le jour et la nuit.

Elle, *fast so fast* et *sharp so sharp*. « La réalité est un feu de passion qui prétexte. » Elle a exploré la nature de son intimité. Elle connaît l'origine de sa fougue, de ce qui en elle demeure inapprivoisé. Elle brame. Elle sait d'où vient le vent froid, celui auquel on attribue des pouvoirs sur le temps et la perte. Elle sait parler de cette crainte de la nuit dans le désert, « depuis très jeune elle a appris à aimer la tempête ».

Mariela Oliva sur les lieux et objets :

– la maison d'Angela Parkins dans le désert, une hacienda ancienne, pas très grande, du XVIIIᵉ, près d'un petit village. Elle l'a héritée de son père. Elle n'en utilise qu'une partie, la maison et la cour principale. Le reste, abandonné, est laissé à la soif du désert ;

– une camionnette Dodge, vieille, de celles qu'on voit souvent dans les villages, c'est-à-dire usées, la peinture blanche s'écaille par endroits, laissant voir le gris métallique de la carrosserie. Elle a servi à transporter du matériel de construction et des caisses de denrées. Aujourd'hui, elle sert aux expéditions personnelles auxquelles s'adonne Angela Parkins quand elle ne travaille pas (elle travaille tout le temps) ;

– le chapeau de son père en cuir de vache ;

– ses deux paires de bottes, l'une noire, l'autre en peau de crotale ;

– des photos d'elle petite en compagnie de sa mère. À Los Angeles ;

– du tabac, de la marque American Spirit. Elle aime rouler ses cigarettes.

Je traduis :

La beauté comme un soupir, un mouvement de l'air dans le désert qui est mauve (ou une âme vive là où nulle âme ne vit).

Le silence et la beauté dans le désert :
une expérience de la pureté. Cette pureté féminine caractéristique du vivant.

Lyliana Chávez suggère à Mélanie d'en parler à Nicole Brossard :

Tu oublies ton nom ? Pourquoi ? Tu devrais en parler à Nicole Brossard. Elle qui, me semble-t-il, se dépersonnalise dans le récit, met son nom de côté au profit de personnages. Tu sais que même elle pourrait être une invention ? Je pourrais moi aussi... au moins essayer... de mettre le mien de côté (mon nom).

Mariela Oliva imagine une rencontre :

J'imagine une rencontre entre Angela Parkins et Maude Laures. Celle-ci accepte l'invitation d'Angela Parkins à se rendre à sa maison du désert. C'est l'été, la fin de l'après-midi. Elles parlent pendant que la nuit tombe. Elles profitent de la rencontre, permettent à la nuit de les prendre, de s'infiltrer dans leur vie qui est maintenant.

Musique de Bob Dylan.

Angela Parkins adore Bob Dylan, ses espaces silencieux entre les notes, les mots, le secret qu'il a du ravissement... Les mots de la mémoire, le temps, l'amour, le désir. De ces choses qui comptent.

La nuit les regarde. Elles se regardent, s'intimident l'une l'autre, s'attirent, s'admirent.

Dialogue

– Qu'est-ce qu'il y a, là, dehors ? demande Maude Laures.
– La nuit dans le désert, répond Angela Parkins, décapsulant une autre bière en diminuant le volume de la musique.
Elle se roule une cigarette, en offre une à Maude Laures.
– Non merci. Je suis bien ainsi.
– J'aime que tu sois bien. Laisse-moi te regarder.
Soupir. Silence.

(un temps)

– J'ai vu des papillons luire dans la nuit insolite. Je suis revenue pour naître dans le désert, celui que j'aime. Je résiste, ne peux pas le perdre. C'est ma vie. Nous avons besoin l'un de l'autre. L'autre soir, j'ai fait un rêve.
– Un sentiment de plénitude.
– Jamais je ne me permets la fuite.
– La beauté et la douleur « étaient maintenant entrées jusque dans la peur de l'indicible ».
Angela tire une bouffée de sa cigarette, se lève, marche vers le désert, s'arrête et lève son visage vers les étoiles. Elle recrache la fumée de sa cigarette qui s'élève comme en emportant le silence. Angela laisse ses bras se mêler au vent, elle respire. Puis elle rentre, prend une gorgée de bière.

MÉLANIE

Nous avons pris la route. Nous sommes trois.
Nous sommes trois. Pas de Mélanie. Pas Mélanie.
Trois.
Lyliana Chávez. N'est pas Mélanie. N'est pas.
Je, tu et elle. Trois. Singulier.

Dans le défilement. Des flashs.
Des villes, villages. Points. Repères dans un décor
qui n'a rien à voir.
Des repères : San Miguel de Allende, Dolores
Hidalgo, San Diego de la Unión.
Des détours : Tierra Nueva, un village nommé El
Peyote.
Soudain le paysage.

Matehuala. Hôtel. Nuit.
Dans le matin, des flashs.

La chambre est sombre.
C'est le matin.
Deux lits dans une chambre d'hôtel. Lyliana Chávez
fait des étirements. Depuis que je l'ai réveillée, elle
prépare son corps à la journée qui vient: rotation
du cou, puis elle se penche et prend ses chevilles
dans ses mains. Ce ne sont pas des mouvements au
hasard, il s'agit d'une séquence. La première chose
en se levant. Elle a uriné déjà. Je l'ai entendue se
lever beaucoup plus tôt le matin, puis se recoucher.

La chambre est sombre.
Des tests photo. Avec ou sans flash. Dans une
chambre d'hôtel sans fenêtre ou plutôt avec une
fenêtre donnant sur rien, un escalier de secours.

Shooting photo dans la chambre d'hôtel. Nous ne
cherchons pas Mélanie, mais une exposition, une
vitesse, un point de vue, un cadrage. Une pose,
posture.
Une aisance aussi.

Assise sur le bord du lit, elle ignore ce que je
cherche.
Le sens est dans l'image et refuse d'en sortir.
Lyliana Chávez sort du noir, le temps d'un flash,
d'une pétrification, apparaît, fixée.
Une duplication, interprétation, une image
interprétée.

Première photo.

Surgit l'image. C'est toujours Lyliana Chávez.
Soudain
l'éclair – éclate et s'épuise – n'emplit pas tout
l'espace.
Elle, cernée de noir.

La chambre sombre.
Je tire les rideaux. Plus sombre, plus noir.
Créer un lieu d'où faire surgir.

Les bras tendus
au bord du lit assise
elle s'appuie
sur ses mains, en tension les bras,
en tension l'œil,
prête à se lever
dans la lumière
qui pourtant
n'est que le temps d'un flash.

Nuit. Autre lieu.

Changement de lieu. Mêmes personnages.
Là, un hôtel.
Village : Estación de Catorce. Désert de San Luis
Potosi.

Lyliana Chávez dans la lumière
dans la lumière des phares parce que je le lui ai
demandé.
Elle, cernée de nuit, révélée puis rendue à la nuit par
la voiture qui passe et s'éloigne.

Là, un hôtel.
Un lieu autre, un temps différent, des rosiers plantés
dans la cour.
La cour carrée. Les chambres sont d'anciennes
résidences de cadres d'une compagnie américaine
installée dans la région au début des années vingt
pour fabriquer à partir d'une plante locale une
forme de caoutchouc. Durant la Seconde Guerre
mondiale, la compagnie employait plus de cinq
cents personnes. Elle fournissait un succédané de
caoutchouc pour les pneus des véhicules militaires
de l'armée américaine. Elle a fermé ses portes en
mille neuf cent quarante-sept. Comme la région
est rurale, les installations ont été rachetées par
différents cultivateurs. Le propriétaire actuel, Don
Carlos, en continuant ses activités agricoles, a fait
de ce lieu un hôtel. Le style, ancien, intouché, amé-
ricain, contraste. Nous y sommes seuls.

Nuit. Village. Près de la voie ferrée.
Lyliana dans la lumière des phares. Lyliana dans la lumière parce que je le lui ai demandé.

On peut imaginer Mélanie rêvant. Mélanie qui en rêve inverse les rôles. Cauchemar de Mélanie où elle se voit surprise par les phares de sa Meteor, la nuit. Lièvre antilope.
Ce pourrait être la lumière du téléviseur. La peur, celle qu'elle ne connaît pas, qui appartient à sa mère, qui en rêve la visite, l'habite.

Mélanie dans la lumière.
Lyliana bombardée des claquements de l'appareil photo.
Le hors-champ saura-t-il faire croire au désert alors que, vraiment, il ne s'agit que d'un stationnement ?

Seconde photo

En avant plan, debout.
La route en perspective derrière.
Bande diagonale grise émergée du noir,
surplombée de noir
lumière inégalement distribuée
posée, fugitive, passante
surprend, la surprend
sur la route
grise
révèle la silhouette.

Seules
quelques taches
des taches de lumières font le visage
le recomposent: le front, l'arête du nez, les lèvres
et jusqu'au menton, le cou
le corps fait face
la tête détournée
l'attention
vers l'auto qui vient
qui passe
la route balayée
par la lumière des phares balayée
fait surgir, noire, la silhouette
la lumière qui déjà passe
est passée.

Ce pourrait être Mélanie
la nuit, ferme les yeux, les garde fermés : c'est le jour.
Soudain le bourdonnement.
Des milliers, des centaines de milliers de mouches cachées, invisibles, qu'on entend, frémissement constant de l'air, frémissement voyageur, qui dans le désert sans obstacle voyage, parvient.
Peut-être elles n'existent pas, les mouches.
C'est toujours la nuit, le temps des grenouilles, le jour la nuit, les yeux de sommeil fermés
Mélanie au bord de la route reçoit les flashs du téléviseur
Mélanie au bord
du désir, les mains le long du corps, les bras par le vent pris, par la lumière pris, elle, prise, voudrait prendre.
Les yeux par le sommeil fermés, elle ferme les yeux. C'est la nuit.
Elle embrasse l'autre, elle prend. L'autre se laisse faire, prend sur ses lèvres les lèvres de Mélanie. L'autre rit. Elle plus âgée rit. Elle se laisse faire, se laisse embrasser, sur la bouche se laisse aller, elle rit, ne rend pas le baiser, elle n'embrasse pas. Elle reçoit. Dans le rêve des flashs. Mélanie ose, prend, se lance. Elle a bu... un peu... pour le courage. Elle se lance, voudrait prendre, prend, ne garde rien, que l'impression de ne rien garder. L'autre rit.
Soudain le bourdonnement
au temps des grenouilles, les mouches, les signes du jour, du soir qui tombe
mais c'est la nuit
mais la nuit
Mélanie
voudrait reprendre sur ses lèvres
mais le bourdonnement
mais une pulsation
une impossibilité des choses de se fixer
l'attention

les yeux fermés, les ouvre
ne reconnaît pas le visage
vivant le visage, vivante l'image du visage
un mouvement qui ne permet pas au sens de se (re)
composer
distorsion du sens, du signe lisible, aimable, aimé,
du visage
Mélanie les yeux fermés les ferme
soudain les couleurs, le bourdonnement des couleurs
les mouches du désert qui la nuit réaniment le jour
Mélanie voudrait reprendre
replacer le mauve
les gestes
l'assurance: allumer un cigarillo, démarrer le moteur,
enfoncer son pied sur l'accélérateur
accélérer accélérer
rien que le bruit de l'air qui s'engouffre par les vitres
baissées.

Mélanie la nuit les yeux fermés les ouvre, ouvre les
yeux, le téléviseur, n'ayant plus rien à dire, ne dit
rien, que du bruit.
Partir.
Partir?
Mélanie, les yeux ouverts, ne voit rien, plus rien.
Mélanie cernée de bruit, beaucoup de bruit dans le
noir.
Mélanie s'éveille et se souvient.
Nuit. Hôtel. Bar. Piste de danse.
Un claquement et tombe
un flash et éclate:
l'assassinat d'Angela Parkins.

Devant les yeux ouverts de Mélanie, de grands pans
superposés de noir n'empêchent pas tout à fait une
lumière de filtrer.

JE

4 mai – notes

Télescopage du paysage nous ramenant dans une pièce où sont installés une table, une chaise, deux lits, une fenêtre, une lumière, une faune (surtout des moustiques, quelques mouches et un scorpion aperçu une fois dans la cuisine), une époque ou temps de l'année, de l'air et des particules en suspension.

Je suis parmi ces objets. La liste n'en est pas complète.
Maude Laures – un personnage –, entourée des mêmes objets, poursuit le même objet que moi (vraiment ?).

Maude Laures – un personnage – parle du bruit quotidien qui nous place « à égale distance entre hasard et finalité ». Elle oppose cet état (ou position) à la réalité.

Je suis Maude Laures.
Je ne suis pas un personnage.

Hier soir, un soir de mezcal, une de mes compagnons de résidence m'a confié avoir « un problème avec la représentation ». Elle est photographe. Que peut signifier pour une photographe « avoir un problème avec la représentation » ? Représenter un moment, une scène, témoigner, assumer un point de vue, faire un commentaire ? Ou volonté d'être plastique, des lignes conduisant le regard, une ponction qui transforme, change la forme, renouvelle l'objet, mais quand même une représentation, non ?

Représentation :
> – l'action de rendre sensible ;
> – présenter une seconde fois, dans un contexte différent. Recontextualiser.

Il y a quelques années, j'ai rencontré une écrivaine de l'État de Sonora, Mexique. Elle effectuait une résidence d'écriture à Montréal, voulait visiter Québec. Un ami montréalais d'origine mexicaine l'avait référée à moi. Je l'ai accueillie pendant quelques jours.

C'était l'été.

Elle s'appelle Cristina Rascón, de Ciudad Obregón.

Je lui ai parlé du *Désert mauve*, de mon projet d'en faire un film, de la complication de devoir le tourner en Arizona. Elle m'apprit que le désert de Sonora, le plus étendu en Amérique du Nord, ne s'arrête pas aux frontières états-uniennes. Il embrasse également les États de Baja California et de Sonora.

Il semblerait que, malgré que la fiction se déroule en Arizona, ma relation au *Désert mauve* soit liée au Mexique. Depuis sept années, ce roman m'accompagne. Pas tous les jours, pas constamment. Une relation distendue. Un bon ami à qui je pense souvent, chez qui je peux débarquer sans prévenir. Pendant cette période, d'autres œuvres m'ont habité. Toutes écrites par des femmes.

Ce cycle correspond à un autre, mexicain celui-là.

Sept ans. En autant d'années, autant de voyages au Mexique. Encore plus de rencontres, lesquelles furent toutes les plus signifiantes.

Tirer une ligne,
imaginaire (vraiment?),
entre Mélanie et moi.
Une ligne qui traverserait le désert de l'Arizona, le
Sonora.

Franchir la distance suivant une trajectoire en profondeur, allant de là-bas à ici.

Je rassemble des gens. Autour d'un texte. Des femmes qui ne ressemblent pas nécessairement aux personnages, mais qui, peut-être, sauront chercher entre les lignes ce qui, chez elles, les appelle au jeu et au questionnement.

Le projet : organiser des séances de photo. Matérialiser mon image mentale de Mélanie. La mettre en relation avec d'autres personnages afin d'arrondir les angles, nuancer les masses, tendre vers une troisième dimension. Je sais que ce faisant, elle en sera transformée. Ou peut-être sera-t-elle à ce point différente, si distante, que l'image d'origine en restera intacte. Deux objets étrangers.

Déjà, le bruit quotidien...

27 mai – notes

Des événements extérieurs et autres éléments hors de mon contrôle font que mes personnages m'échappent. Je pense de plus en plus au désert comme à un personnage important.

Mes personnages m'échappent.

Nous étions d'une très grande brutalité.
Nous étions des animaux nobles.

31 décembre – notes

La réalité s'infiltre jusque dans le langage.

Lyliana Chávez en Mélanie.
Je suis allé dans le désert avec Lyliana Chávez.
Trois jours.
Trois journées durant lesquelles elle n'a cessé d'être
Lyliana Chávez.
C'est plus tard qu'a surgi Mélanie. Pas dans la
photo, mais dans le texte.

L'écriture ouvre des espaces que la réalité garde
fermés.

Cet ouvrage composé en Sabon corps 11 a été achevé d'imprimer au Québec
sur les presses de Marquis Imprimeur
le six mars deux mille treize
pour le compte des Éditions de l'Hexagone.